8º L44
1993

7ᵉ Année. — Tome I.   Mai-Juin 1918.

Revue

des

La médaille d'Austerlitz.
(LUIGI MANFREDINI).

Études Napoléoniennes

Les Origines de l'Europe Nouvelle

DIRECTEUR : ÉDOUARD DRIAULT

PAUL MARMOTTAN

NAPOLÉON A BOLOGNE

(21 au 24 juin 1805)

LIBRAIRIE FÉLIX ALCAN
108, BOULEVARD SAINT-GERMAIN, PARIS

COMITÉ DE PATRONAGE

Jean Ajalbert.
Comte d'Antioche.
Comtesse d'Arjuzon.
Alphonse Aulard.
Fernand Baldensperger.
Charles Ballot.
Comte Ugo Balzani.
Baron de Barante.
Frédéric Barbey.
Henri Bergmann.
Lieutenant L. Bernardin.
Henri Berr.
Camille Bloch.
Comte Boulay de la Meurthe.
Jean Bourdon.
Georges Bourgin.
H.-E. Bourne.
Gaston Brière.
A.-M. Broadley.
Oscar Browning.
Capitaine E.-L. Bucquoy.
Georges Cain.
Général Camon.
Pierre Caron.
F. Castanié.
Edouard Chapuisat.
Sébastien Charléty.
Général J. Colin.
Pierre Conard.
Lord Crawford.
Ernest Daudet.
Louis Dausset.
Armand Dayot.
Antonin Debidour.
Louis Delavaud.
Ernest Denis.
Général E. Desbrière.
Paul Dislère.
Marcel Dunan.
George Duruy.

G.-M. Dutcher.
Maurice Escoffier.
H. Fisher.
Comte Fleury.
Colonel Vicomte Fleury.
J.-W. Fortescue.
Henri Froidevaux.
Emile Gabory.
Commandant de Gain.
G. Gallavresi.
Serge Goriaïnow.
Georges Goyau.
Geoffroy de Grandmaison.
Georges Gromaire.
Raymond Guyot.
Marcel Handelsman.
Gabriel Hanotaux.
Jean Hanoteau.
L. Hautecœur.
Ernest d'Hauterive.
Paul Hazard.
Edouard Herriot.
Paul Holzhausen.
Lieutenant-Colonel James.
N. Jorga.
N. Kareiev.
F.-M. Kircheisen.
Joachim Kühn.
Bernard de Lacombe.
G. Lacour-Gayet.
Paul Landormy.
de Lanzac de Laborie.
Ernest Lavisse.
Roger Lévy.
J. Loutchisky.
Julien Luchaire.
Louis Madelin.
Abel Mansuy.
Frédéric Masson.
Albert Mathiez.

Lieutenant-Colonel Mayer.
Pierre Muret.
Comte A. de Nesselrode.
G^d-duc Nicolas Mikhaïlowitch.
Général Niox.
Pierre de Nolhac.
Georges Pagès.
Georges Pariset.
Roger Peyre.
Léonce Pingaud.
Chanoine Pisani.
Camille Pitollet.
G. Prato.
Henri Prentout.
G.-W. Prothero.
Léon Radiguet.
Lieutenant-Colonel Reboul.
Georges Renard.
G. Roberti.
John-Holland Rose.
Léon Rosenthal.
Edmond Rostand.
Lieutenant-Colonel Rousset.
Gustave Rudler.
Philippe Sagnac.
Christian Schefer.
Charles Schmidt.
René Schneider.
E. Tarlé.
Louis-J. Thomas.
Maurice Tourneux.
Mil. R. Vesnitch.
Pierre Vidal.
Louis Villat.
Comte Waliszewski.
Georges Weill.
Henri Welschinger.
H. Remsen Whitehouse.
Constantin Woey.
G.-W. Wrong.

NAPOLÉON A BOLOGNE
(21 AU 24 JUIN 1805)

Durant le cours de sa rapide et fulgurante carrière, Bonaparte est allé cinq fois en Italie.

La première, ce fut en 1796 lorsque l'Autriche qui dominait la première coalition fomentée en 1792 ne voulut pas se détacher d'elle et continua la lutte contre la France, alors que dès 1795 la Prusse s'en retirait. Ce fut comme l'on sait pour Bonaparte l'ère des premiers succès où se déploya son génie de tacticien : Montenotte, Millesimo, Lodi, Mantoue, Castiglione, Arcole, Rivoli, le Tagliamento, l'entrée à Milan, puis le célèbre séjour à Mombello. L'année suivante, le 17 octobre, il signait la paix de Campo-Formio qui fondait la république cisalpine dans l'Italie du Nord et faisait reconnaître par l'Autriche la cession de la Belgique à la France et celle de la rive gauche du Rhin, moyennant d'autres compensations territoriales en faveur de l'Empire et de l'Autriche.

La seconde fois c'était en 1800.

Rappelé en Italie par le refus de l'Autriche de compléter au Congrès de Rastatt le traité de Campo-Formio et pour sauver encore le Directoire qui, devant la reprise des armes de l'Allemagne toujours menacée par l'Autriche, l'inertie peut-être bienveillante de la Prusse et à l'instigation de l'Angleterre qui fournissait des subsides, devait faire face.

Bonaparte renouvela ses prodiges de 1796, au passage des Alpes, à la prise du fort de Bard, à Montebello et surtout à Marengo. Le coup fut foudroyant. Ces deux campagnes à quatre ans d'intervalle le rendirent maître de toute l'Italie septentrionale, de la Rivière de Gênes à la frontière autrichienne de l'Isonzo. L'Autriche de qui dépendaient ces pays demanda grâce et signa le traité de Lunéville qui confirmait, en les aggravant pour elle, les clauses de

Paul Marmottan.

Campo-Formio. La seconde coalition ainsi dissoute (1798-1801), la France eut désormais ses frontières naturelles de l'Escaut et du Rhin. Objectif qu'elle poursuivait depuis huit siècles. L'Italie du Nord fut reconnue État indépendant, sauf les pays réservés à la France ; la Toscane devint un royaume suzerain.

La troisième fois en 1805, Bonaparte devenu Napoléon y revint en pacificateur, en souverain. Il visita toutes les provinces conquises et les organisa, tandis que d'autres comme le Piémont, Gênes et Parme, réunies à la France, reçurent leur administration.

La quatrième fois il y revint encore en vainqueur, après les glorieuses campagnes de Prusse et de Pologne (Ulm, Austerlitz, Friedland).

En effet, deux ans après la paix de Presbourg (déc. 1805) qui restituait Venise à l'Italie, il se rend dans les derniers jours de 1807 à Venise et à Milan et inaugure la route des Alpes ou du Simplon.

La cinquième fois devait être en 1814 année où, sans les événements de Russie, il avait projeté de se faire sacrer Empereur d'Occident à Rome avec l'Impératrice et son fils. Tous ses palais avaient été préparés pour ce voyage, à Turin, Florence et Rome. Mais il ne put accomplir ses destinées avec ce programme, et ses revers l'ayant rendu prisonnier de la coalition européenne contre la France (la cinquième depuis 1792), il ne vit d'Italie que ses côtes et à bord d'un bateau qui le conduisait à l'île d'Elbe, où il reste confiné et surveillé un an.

Mais l'île d'Elbe c'était encore l'Italie et du promontoire où s'élevait sa maison, d'aspect plutôt bourgeois, il embrassait d'un coup d'œil le féerique panorama du canal de Piombino, les sept îles de la mer Tyrrhénienne et toute la côte toscane.

Rentré en France en 1815, il ne devait plus porter ses regards sur la terre latine, puisque la coalition victorieuse l'exila à Sainte-Hélène, au bout de l'Océan Atlantique, et que c'est là qu'il mourut en 1821 à peine âgé de cinquante-deux ans.

Pour l'instant, nous allons raconter ici de son voyage triomphal de 1805 dans la Péninsule qu'il aimait tant, un épisode détaillé.

trois jours de sa vie, dans la célèbre métropole universitaire de l'Émilie. Cette Émilie, il la connaissait bien, puisqu'elle avait été aussi le théâtre de ses premières armes et qu'à Modène et à Reggio, en 1796, en l'organisant en République Cispadane, il lui avait donné des lois. Il était entré à Bologne le 20 juin 1796 et y avait reçu le lendemain les envoyés du Pape et du grand-duc de Toscane[1].

Il avait enlevé cette ville à Pie VI parce que le Pape était en guerre avec la France. Il avait reçu sa demande de paix à Bologne même, avait signé un armistice[2] et y avait ébauché le futur traité de Tolentino qu'il signa un peu plus tard, le 17 février 1797, en ce lieu et par les articles 6 et 7 duquel il se faisait céder Bologne, Ferrare et la Romagne.

Tout se transformait politiquement dans la Péninsule depuis les deux conquêtes napoléoniennes et en 1805, Bologne, vieille cité pontificale, était devenue une des villes du nouveau royaume de Lombardie. Voyons quel accueil Napoléon y reçut et par quels actes mémorables il signala son passage en cette ville. Il est toujours, ici comme à Milan, celui qu'à juste raison les contemporains d'alors ont surnommé dès 1797, *Bonaparte l'Italique*[3].

. . .

Après le couronnement de Milan et les fêtes qui s'en suivirent, revues, bals, réceptions d'ambassadeurs et du doge de Gênes, représentations théâtrales à la Scala, course de chars dans l'arène du Forum-Bonaparte, déjà dans tout son éclat de plantations (depuis qu'après Lunéville, l'architecte officiel Antolini avait reçu l'ordre d'y exécuter ses plans), illuminations, promenades en gon-

---

1. Pour le premier séjour de Bonaparte à Bologne en 1796, consultez G. Ungarelli, *Il generale Bonaparte in Bologna*. 1 vol. in-16, Bologne, 1911.
2. Driault, *Napoléon en Italie*. Introduction, pages 15 et 17.
3. Une médaille frappée à Lyon en 1797 porte son buste avec ce titre et cette date du 26 vendémiaire de l'an VI, qui est celle du traité de Campo-Formio (17 octobre 1797). Une autre fut frappée à Strasbourg avec ce titre, la même année : *All' Italico*.

doles aux lacs, etc., etc., toutes cérémonies ou divertissements auxquels assistèrent la princesse Elisa et son mari, parfois aussi avec l'Impératrice — Napoléon ayant voulu visiter Brescia, Vérone, Legnano et Mantoue, se rendit dans ces villes[1]. Puis il continua son voyage vers Bologne, accompagné de quelques-uns de ses ministres (car plusieurs d'entre eux avaient pris les devants) tels Marescalchi arrivé à Bologne, sa résidence de famille, dès le 15 juin, suivi de Talleyrand qui descend chez lui le surlendemain[2] avec ses secrétaires, tel encore le prince de Massérano, ambassadeur d'Espagne (dont les appartements sont retenus au collège de cette nation sis à Bologne) mais par contre entouré d'une suite militaire et civile extra-brillante, les maréchaux Jourdan et Moncey, les généraux Savary, Mouton, Rapp et d'autres, les chambellans Bentiviglio et de Beaumont, l'écuyer Villeroy, le chirurgien Ivan, Roustam en son magnifique costume turc.

De son côté, l'Impératrice-Reine l'a précédé d'un jour et avec sa propre maison, dans les rangs de laquelle on remarque Mesdames Savary et d'Arberg; elle arrive à la porte Saint-Félix de Bologne, qui, pour la circonstance, avait reçu les armes de l'Empire, le 20 juin à six heures et demie après midi, saluée par de nombreux coups de canon tirés des murs de la ville, par les cloches, la municipalité et la noblesse (*nobilita in gala*[3]).

Sa voiture traînée par des chevaux de poste est échangée de suite, près de la Barrière, par une autre de parade, à huit chevaux, qu'a vue passer Rovatti, témoin oculaire à Modène[4]. Comme à Modène d'où elle sort, elle entre en ville escortée par un détachement du 1ᵉʳ régiment de hussards italiens, par un autre de gendarmes italiens aussi, et par les gardes d'honneur de Modène et

---

1. Ce voyage dura exactement du 10 au 21 juin 1805. Le monarque assista à une course de taureaux à Vérone, donnée aux arènes devant 30 000 spectateurs.
2. Voyez pièce justificative n° I.
3. Il y avait alors à Bologne une noblesse locale, très jalouse de ses privilèges qu'elle tenait d'une commission présidée par le Podestat. Elle comprenait, en 1805, 60 familles qui avaient été toutes conviées à former le cortège.
La circulaire officielle que nous publions plus loin (Voyez pièce III, A) donne l'impulsion générale, car elle fut envoyée aux villes, et contient toutes les dispositions qui leur sont communes pour la réception.
4. Les voitures de gala de l'Empereur avaient été envoyées à Bologne dès le 16 juin. Voyez pièce justificative n° I.

Napoléon à Bologne (juin 1805).

de Bologne à cheval, les colonels aux portières[1]. Des courriers français et italiens se tiennent à peu de distance.

Joséphine s'arrêta au lycée Ilar, installé dans l'ancien couvent Saint-Jacques, pour y entendre une cantate et se retira ce soir-là de bonne heure dans ses appartements du palais Caprara[2], s'excusant de ne pas assister aux fêtes de nuit par suite de sa fatigue.

Le lendemain 21 juin, à trois heures de l'après-midi, plusieurs courriers se succédant à courts intervalles annoncèrent l'approche du Souverain[3]. Aussitôt les salves d'artillerie se firent entendre de minute en minute, accompagnées du fracas des cloches, des fanfares et des tambours.

Peu de temps après, au milieu d'un fort bruit de grelots et de claquements de fouets — que seuls les assistants du premier rang de la foule purent percevoir, car il s'éleva d'elle une rumeur formidable, sorte d'acclamation qui se propagea comme la foudre —, l'on vit déboucher une douzaine de berlines poussiéreuses, leurs superbes chevaux blancs de sueur, montés par des postillons portant la queue et des vestes vertes, où étincelaient de nombreux boutons d'argent.

Précédées d'un détachement de hussards italiens, d'un autre de gendarmes et de gardes d'honneur bolonais à cheval[4] qui étaient

1. Jusqu'au décret royal du 20 juin suivant, les gardes d'honneur d'Italie étaient d'institution purement municipale.
2. D'après le Statut constitutionnel des Collèges du royaume d'Italie, du 6 juin 1805, Napoléon avait ordonné que la nouvelle Couronne aurait, outre ceux de Milan et de Monza, trois autres palais, l'un à Mantoue, l'autre à Modène, le troisième « à proximité de Bologne ». Un capital de 10 millions en biens nationaux fut affecté à leur construction et installation. — Nous lisons dans les *Mémoires* de Stanislas de Girardin, grand écuyer de Joseph Bonaparte, qu'en novembre 1807, le vice-roi fit préparer le palais de Bologne pour recevoir le roi de Naples, de passage dans la ville, allant à Venise retrouver son frère Napoléon (*Mémoires*, II, 18 et suiv. Voyez aussi Zanoli, *Sulla milizia italiana*, II, 437. Voyez note sur le palais Caprara (pièce justif. n° II).
Après le traité de Presbourg en décembre 1805 et la réunion de Venise et de ses provinces au royaume d'Italie, Napoléon acheta le palais Pisani à Strà, sur la Brenta, et augmenta le palais des *Procuraties* à Venise même.
3. Les courriers du royaume d'Italie portaient alors une plaque en argent derrière laquelle étaient inscrits le nom du titulaire avec la date du décret le nommant. Une de ces plaques est conservée à Padoue, au musée, dans la belle collection de médailles napoléoniennes, legs de M. Nicolas Bottacin. Cette collection possède aussi un bouton de « courrier de l'Empereur » sur lequel sont figurés le chapeau et les foudres emblématiques.
4. Depuis l'Égypte, Napoléon aimait à faire entourer sa voiture, même lorsqu'elle était lancée au grand trot, de coureurs la précédant. Les gouaches et dessins du

Paul Marmottan.

allés au-devant de l'Empereur jusqu'au fleuve Panaro, les voitures de voyage s'arrêtèrent en dehors de la porte Saint-Félix, près d'un magnifique arc de triomphe décoré de bas-reliefs[1] et dédié à Napoléon-Auguste, et de portiques élevés pour la circonstance. Sa Majesté y reçut les clefs de la ville des mains du maire Bettini, ancien député au congrès de la Cispadane; le corps municipal et la noblesse lui offrirent ensuite leurs hommages.

Gracieux pour chacun, semblant savourer son triomphe, le roi d'Italie reconnut parmi les notabilités présentes et accueillit avec une particulière distinction les huit députés de l'Institut national et de l'Université qui lui avaient été présentés à Lyon, en janvier 1802. Ils se pressaient encore auprès de lui naguère à Milan au milieu de l'élite de toute la nation. La garde nationale formant la haie avait l'arme au bras.

Les faubourgs de la ville et toutes les rues que devait suivre l'Empereur et Roi étaient remplis d'une énorme population endimanchée qu'on peut porter à 150 000 personnes, de 60 000 qu'elle était en temps ordinaire. Les maisons étaient couvertes de panneaux et de tapisseries, et la rue du parcours ne formait qu'une voûte de feuillage ou d'ornements.

A l'apparition du carrosse royal venu à sa rencontre et dans lequel Napoléon était monté avec Joséphine, carrosse traîné par huit chevaux pur sang, les habitants de cette antique cité voulurent dételer les attelages, malgré le cordon des gardes d'honneur montés les entourant[2]. L'Empereur ne le souffrit pas, mais il consentit qu'on chantât autour de sa voiture un hymne en musique commandé par la commune en son honneur[3] et que 50 choristes entonnèrent. Les paroles étaient d'un poète local, François Tognetti, sous ce titre : *Oraculo*[4]. Les vers y célèbrent comme appartenant

---

temps du Consulat, une au musée Carnavalet (*rue des Champs-Elysées* où l'on voit l'attelage du Consul), l'autre à la collection Hennin (reproduite dans l'ouvrage de M. R. Peyre) et d'autres encore indiquent ce fait. Les coureurs lui rappelaient, sans égaler leur pittoresque, les *saïs* du Caire.

1. Les bas-reliefs peints par Félix Gianni, les ornements par G. Bertolani, l'architecture par Martinelli et Tubertini.
2. *Gazzetta di Bologna* du 25 juin 1805, p. 401, n° 51.
3. *Ibid.*, journaux du temps.
4. Grand in-folio de 4 pages luxueusement imprimé chez les frères Nasi et Cⁱᵉ, à Bologne, 1805. Plaquette rare.

Napoléon à Bologne (juin 1805).

à Bonaparte, l'ardeur d'Annibal, le génie de César, la résolution d'Alexandre, la grandeur d'Auguste, la clémence de Titus, etc.

En voici un court extrait :

Minerve qui intervient dit :

> *Oh primo frà mortali*
> *Caro all' esperie genti :*
> *Te con festosi accenti*
> *Saluto Padre e Re.*

Et le chœur répéta comme refrain :

> *Ei le virtù più belle*
> *Tutte raccoglie in se.*

(*Et toutes les vertus les plus belles se réunissent en lui.*)

Le panorama pittoresque de cette métropole prêtait un air de grandeur épique à la scène.

Bologne est encadrée de montagnes au sud, commençant à un mille de distance tout au plus de ses murailles. Elles présentent un délicieux amphithéâtre de verdure, dont les derniers gradins sont formés par la chaîne centrale qui couronne noblement l'horizon, à quelques lieues plus loin. L'une d'elles est dominée par le vaste monastère de *San Michele in Bosco*.

En face est une autre colline au sommet de laquelle le ministre Aldini, allait bientôt, à l'instigation indirecte de l'Empereur, élever un palais. Il le flanqua de deux colonnades doriques avec fronton et bas-relief formant encore aujourd'hui, pour la ville, une perspective imposante, comme tout ce qui porte le cachet du règne[1].

---

1. Son architecte fut Joseph Nadi (1780-1814). L'une des colonnades, celle du levant, a été démolie il y a un quart de siècle; en tous les cas le palais était inachevé en 1814, lors de la chute de l'Empereur, et aujourd'hui il s'effrite de plus d'un côté, car il n'est ni habité, ni entretenu depuis la mort d'Aldini. On assure qu'il y a des fresques à l'intérieur. — Stendhal qui passe à Bologne en 1817 écrit ceci (*Rome, Naples, Florence* I, 218, 3ᵉ édit.) : « A Bologne, une maison bâtie sur la colline, avec fronton et colonnes comme un temple antique, forme de vingt endroits de la ville un

Paul Marmottan.

A l'ouest est le *monte della Guardia* précédé d'un long portique de 650 arcades. Au centre deux hautes et antiques tours, penchées d'une manière effrayante. L'endroit avait été on ne peut mieux choisi pour une de ces apparitions sensationnelles et toujours suivies d'actes retentissants, dont Napoléon aimait à frapper les peuples.

Bologne en effet est comme le boulevard où se rencontrent plusieurs provinces autrefois séparées de l'Italie centrale, et du haut de la « Montagnuola », promenade publique établie par les Français à cette époque, l'œil peut embrasser à la fois ici, les plaines humides du Ferrarais, formées par l'ancienne Émilie, s'estompant à perte de vue vers le Padouan et Venise; là, du côté de Plaisance, Parme et la Lombardie, au sud l'Apennin, l'âpre rempart de la Toscane.

Par les rues aux maisons à basses arcades de l'austère cité pontificale et toutes pavoisées, un concours de paysans aux costumes variés, comme en possédaient alors les différentes peuplades de ces contrées[1], la figure basanée et couverte de chapeaux de feutre, les femmes aux robes claires, aux fichus écarlates, la tête parée de bijoux d'or, donnait à la physionomie de cette entrée du potentat une couleur qu'avivait encore l'éclat du soleil. C'était, pour tout dire, l'Italie de Léopold Robert, et une cérémonie comme Bologne n'en avait pas vu depuis Charles-Quint.

Au moral, dans cette journée, la connaissance que tous les habitants avaient du renouvellement de fond en comble, sur d'autres bases, de l'édifice social, jusque-là sans ressort, par la fondation d'un ordre de choses politiques réunissant leurs aspirations nationales, sous l'égide d'un héros illustrant, comme nul avant lui, avec semblable popularité, la sainte Couronne de Fer, exaltait les

---

point de vue à souhait pour le plaisir des yeux. Cette colline qui porte le temple et a l'air de s'avancer au milieu des maisons « est garnie de bouquets de bois comme un peintre eût pu les dessiner.

1. Pour les costumes italiens de l'époque, consulter les recueils de gravures en couleur de Martinet, devenus très rares. Le titre de l'un d'eux est *Costumes de différents départements de l'Empire français*, le format est in-8, paru vers 1807, mais surtout pour le nouveau royaume, le recueil d'aquarelles originales du temps et admirablement peintes qui parut en 1916, sous le n° 1124 à la vente faite à Milan de la collection napoléonienne du regretté D' Louis Ratti. Ces images mériteraient la reproduction. Elles avaient été commandées sur l'ordre de Napoléon, par le ministre de l'Instruction publique d'Italie.

Napoléon à Bologne (juin 1805).

imaginations et répandait une émotion communicative. D'aucuns, parmi les plus instruits, entrevoyaient déjà l'unité de l'Italie[1], ou tout au moins un progrès dans ce sens, comparant le temps actuel à celui qu'ils avaient vécu naguère, où la Péninsule se divisait en dix États très bornés.

D'autres, d'esprit moins avancé, s'en tenaient à la simple réalité d'apercevoir un monarque italien bien à eux et s'impatientaient après lui.

Vingt jours avant l'arrivée des souverains, la curiosité de les contempler se manifestait tellement que sur la route postale à plus d'un mille en avant de Saint-Félix[2], le peuple allait en groupes nombreux aux nouvelles et parlait de la fameuse date. Il ne passait pas de courrier, ni de voyageur particulier qu'on ne les arrêtât pour leur tirer quelques renseignements[3].

Bref, que ce fût par motif de haute méditation historique ou simplement sous l'influence d'un sentiment instinctif, encore un peu confus dans la masse, chacun voulait acclamer le libérateur qui garantissait désormais de son épée invincible les espérances d'avenir. Le moment était incomparable et les Italiens n'auraient pas désavoué alors ces vers d'un poète :

> Comme nous entourions de nos regards avides
> Cet homme, qui si jeune encor
> S'était assis vainqueur au pied des Pyramides
> Et sous les palmiers du Thabor !

Les souverains descendirent au palais Caprara, appartenant à un gentilhomme bolonais de ce nom, ci-devant officier général au service de l'empereur d'Allemagne et devenu un de leurs grands dignitaires[4].

---

1. Ils devinaient juste : l'idée napoléonienne était là. L'Empereur dit en effet quelques années après, à Canova en 1810, parlant de Rome : « Nous en ferons la capitale de l'Italie et nous y joindrons encore Naples. Qu'en dites-vous ? — Serez-vous content ? » — On sait en outre que son idée d'avenir avait été de faire d'Eugène ou de son second fils son successeur. Le statut constitutionnel du nouveau royaume portait, qu'après lui (Napoléon), les deux couronnes de France et d'Italie ne pourraient être réunies sur la même tête. — Les guerres qui survinrent et leurs résutats détruisirent tous ces rêves, du moins jusqu'à notre époque.
2. Faubourg de Bologne.
3. *Gazetta di Bologna*, n° du 25 juin 1805, p. 401.
4. A la fin de 1806 l'Empereur et Roi acheta ce palais sur les fonds de sa Cou-

Paul Marmottan.

Le 21 au soir, il y eut une illumination générale. Napoléon et Joséphine se rendirent au théâtre du Corso, à l'*Opéra Seria*. Toutes les loges étaient occupées par la noblesse : de là, ils parurent un instant au bal masqué.

Le lendemain matin, 22 juin, à huit heures, l'Empereur et Roi entouré de sa garde se porta à cheval à San Michele in Bosco [1], aux Capucins, et s'étant arrêté, entra au couvent par la porte de la cave, en donnant la main au père jardinier, qui le guidait à travers l'obscurité. Remonté ensuite sur son arabe, il fit plusieurs fois le tour de la colline, plongea son regard sur la ville, et redescendu vers les murs d'enceinte, les suivit depuis la porte de Castiglione jusqu'à celle di Palière, traversa en barquette le canal du Reno qui donne son nom au département, alla à la porte Saint-Félix et retourna à son palais, tout cela en galopant si vite que son escorte très empêchée pouvait à peine le suivre : il y en eut même qui firent des chutes.

L'après-midi il travailla dans son cabinet et fournit les preuves immédiates de l'intérêt qu'il portait à ses peuples de l'Émilie affranchis d'hier ; presque coup sur coup il signait des décrets donnant un bien national de 230 000 livres pour faire les boulevards et la promenade autour des fortifications de Bologne, pour ordonner de jeter les eaux du Reno dans le Pô, très grave question pour ces contrées et bienfait réel, et enfin pour acheter, au profit de la Couronne, le palais Caprara.

Le soir l'Impératrice-Reine seule alla au théâtre du Corso, où l'on jouait un opéra, et au bal [2].

---

ronne d'Italie et un décret qu'il prit vers 1811 édicta que cette maison faisait partie de son domaine privé (Arch. Nat., O² 1207).

Dès mars 1806 la question de cet achat s'était présentée pour tirer Caprara d'embarras, car il était endetté. Voyez *Correspondance de Napoléon*, n° 10012.

Napoléon lui était reconnaissant de son attachement. C'était le frère du cardinal Caprara nonce à Vienne en 1785 qui venait de sacrer Napoléon à Milan. (Né en 1733, cardinal le 18 juin 1795, mort à Paris le 21 juin 1810.)

1. L'Empereur connaissait déjà la ville, il y était venu en 1796 le 19 juin et avait alors logé au palais Pépoli (manuscrit anonyme du temps) : *Memorie Storiche di Bologna dal 1775 al 1822* p. 44 verso). C'est là qu'il avait reçu suppliants les envoyés du grand-duc de Toscane et du Pape. Voyez le premier chapitre de notre ouvrage : *Le Royaume d'Étrurie* (p. 21 à 24).

2. L'ensemble des détails que nous consignons ici est emprunté aux *Memorie Sto-*

Napoléon à Bologne (juin 1805).

La lettre de Napoléon du surlendemain 25 juin 1805 à Eugène, datée de Bologne, est de toute importance pour montrer le bien que le roi fit à la ville de Bologne.

Il signe deux décrets, l'un ordonnant une promenade à la Montagnola et un boulevard à quatre allées d'arbres autour des remparts. Cette promenade ainsi que le grand boulevard circulaire existent encore.

Pour doter les travaux qui doivent être immédiats, Napoléon autorise la ville à réaliser le bien national octroyé.

Enfin il décide le versement des eaux du Reno dans le Pô, travail digne des Romains, opération devant coûter près de 20 millions, mais nécessaire. Il affecte quatre millions à l'entretien des deux Universités de Bologne et de Pavie.

Il veut acheter une maison, charge Duroc d'une note à faire sur les palais de Bologne susceptibles de convenir, il n'a pas le temps de les voir lui-même; il veut que le Vice-Roi ait une installation à Bologne et y réside un mois l'an[1].

L'Impératrice-Reine ne s'arrête pas non plus dans ses habitudes de favoriser le commerce local, là où elle réside. Lors de son passage à Bologne, elle achète à MM. Léonesi, Bigami et Cie des crêpes et gazes pour une somme de 3 081 francs[2].

Le 23, il avait déjeuné avec l'Impératrice à la villa Marescalchi[3],

---

riche di Bologna, manusc. citatum page 63 du dit. Bibliothèque de Bologne, 17 K II, 14 et à la Correspondance du prince Vice-Roi.

1. Napoléon à Eugène. Deux lettres de Bologne du 25 juin. *Correspondance*, 8943 et 8946.
2. « Payé à M. Chefdeville et Cie 3 081 francs pour Leonesi et Bigami de Bologne, suivant deux mémoires dont un de 1 381 francs et l'autre de 1 700, ensemble 3 081 livres et en France 3 043 francs. » — Renseignements inédits pris à la Bibliothèque de Gray, dans le registre-comptes manuscrits de l'intendant de Sa Majesté le sieur Ballouhey et légué par lui à Gray sa ville natale où il mourut. Dépense de fructidor an XIII (août-septembre 1805). Registre de l'an XIII (1805-1814). Ces documents devraient être publiés.
3. Cette villa Marescalchi aux lignes simples et à la masse régulière, bâtie en 1804 et embellie dans les années de l'Empire, fut décorée à l'intérieur de fresques en style très pur du temps.
Elle existe encore et a été relativement respectée par ses divers propriétaires dont le dernier, l'actuel qui nous en a fait les honneurs en 1905 est M. Frank, directeur de l'hôtel Brun. Lors de notre visite, il y avait encore de grands canapés, des rideaux et fresques de l'époque, le buste en marbre de la princesse Élisa et d'autres de l'école de Canova ou copiés de l'antique, ayant tous appartenu au ministre de Napoléon. Ils ornaient un petit temple élevé dans son parc environnant.

située à mi-côte de la montagne sous les Capucins, puis il se promena songeur dans les jardins, d'où l'on jouit d'une vue défiant toute description sur le fleuve Panaro, sur Bologne aux lignes moyenâgeuses et toute la Romagne, embrassant lorsque le ciel est clair, dans un lointain bleuâtre, la plaine du Ferrarais jusqu'aux monts Euganéens, et laissant voir à l'Est et au Sud des perspectives variées et superbes sur l'Apennin. San Michele in Bosco est à mi-côte en face. Les couchers de soleil y sont particulièrement enchanteurs.

Ayant poursuivi ce même jour jusqu'au point le plus culminant[1] des terrains avoisinant les Capucins où il avait été la veille et dont il se rappelait depuis 1796 comme d'un des sites remarquables de l'Italie, il parut de nouveau si frappé du spectacle qui se déroulait à ses pieds, qu'Aldini présent à ses côtés, et en très bon courtisan qu'il était, prit pour lui comme un ordre le vœu qu'il entendit tomber de la bouche royale de voir s'élever sur cet emplacement un palais.

C'était une idée d'artiste à coup sûr et qui, vu la difficulté de monter les matériaux sur ce sommet, ne pouvait venir qu'à un très grand seigneur ! Mais il n'y avait rien là pourtant de disproportionné à sa taille.

L'homme qui ne voyait en la forêt de Fontainebleau que son *jardin anglais* — habitué qu'il avait été déjà de chevaucher à travers des États entiers et de les échanger comme de simples provinces — était, en suivant ce même barème, bien capable de ne considérer la chaîne des Alpes, qu'il avait été examiner peu avant du haut de la Superga, que comme un accident de terrain de son vaste empire. Tout prenait un aspect moindre à ses yeux qu'aux yeux des autres mortels, parce qu'il avait forcément une notion des distances et des plans à part.

Quoi qu'on pense de ce jugement, à propos de l'incident particulier de Bologne qui nous occupe, Aldini comprit et s'inclina. Dès lors il n'eut plus de repos que le vœu du maître ne fût en train de s'accomplir. Dès le mois suivant il appelait l'architecte

---

1. Ce point culminant a 244 mètres.

Napoléon à Bologne (juin 1805).

Joseph Nadi, il achetait les terrains[1] de ses deniers privés: puis de nombreux ouvriers s'en emparaient, fouillaient le sol et en faisaient surgir une construction flanquée de trois grandioses péristyles à colonnades, dont la vue à distance du bas de la ville est vraiment imposante. Nous en avons déjà parlé.

Seule la chute de son souverain en 1814 l'empêcha de terminer ce palais très simple et ses trois façades auxquelles accédait de chaque côté un escalier avec vases d'ornement[2].

Aldini au reste s'y serait ruiné presque sans l'aide d'en haut. En septembre 1808 l'Empereur lui prêtait 300 000 francs[3]. Deux ans plus tard en septembre 1810, Aldini lui préparait un projet de décret pour acheter sa terre de Galliéra près de Bologne et demandait encore 300 autres mille francs[4]. En 1811 cette terre fut acquise par la Couronne par voie d'échange avec d'autres biens domaniaux.

Le 25 juin, l'Empereur reçut M. de Gallo, ambassadeur de

---

1. Jusqu'en 1788 ces terrains avaient appartenu aux Bénédictins.
2. Le côté regardant la ville étoit pourtant achevé en 1814 et le sculpteur l'avait décoré d'un frontispice en stuc, à personnages allégoriques qu'on voit encore malgré son altération et l'état d'abandon général où ce palais est malheureusement laissé, la ville auquel il appartient depuis quelques années ne voulant pas y consacrer les dépenses voulues pour l'entretien.
Cette composition importante, puisque le fronton ne repose pas sur moins de 8 colonnes, est tout allégorique, car le personnage principal, Jupiter, n'est autre que Napoléon. Elle groupe autour de Jupiter et de Junon assis sur un trône, Vénus Apollon et les Muses. On y distingue aussi Mercure, Cérès, Thémis et autres dieux ou déesses tels : Diane, Sapho, la Musique, laquelle est vue de trois quarts regardant l'Impératrice-Reine. L'aigle à foudres des Napoléons se blottit aux pieds du roi de l'Olympe.
Junon, très jolie sous les traits de l'impératrice Marie-Louise, retient son voile d'un geste gracieux et en se tournant de côté vers une belle déité soutenant une urne. L'artiste a rapproché par un contraste voulu Vénus et Vulcain qu'on reconnaît à ses attributs. Vénus fait le geste de s'éloigner de ce voisin incommode.
Mars assis a la figure très ressemblante d'Eugène de Beauharnais. Deux fleuves accroupis et accompagnés d'attributs de la navigation et de bateliers fleuris, dont l'un est le Panaro, l'autre le Reno, terminent les angles d'extrémités.
Cette page d'art, dont les sujets marquent son exécution de 1811 à 1812, correcte dans les têtes et les accessoires jolis et bien modelés, distinguée et typique de l'époque, fait honneur au professeur Jacques de Maria son auteur qui appartient à l'école de Canova. Elle mérite d'être reproduite et a passé jusqu'ici, comme bien d'autres, inaperçue.
3. *Mémoires du prince Eugène*. Napoléon au Vice-Roi, Saint-Cloud, 21 septembre 1808, t. IV, p. 220.
4. *Ibid.*, VI, p. 401. Lettre datée de Fontainebleau 27 septembre 1810. — Les seconds 300 000 francs ici visés lui furent octroyés cette année-là par ordre royal. Le Trésor de la Couronne les avança sur les revenus du Domaine privé d'Italie (Arch. Nat., O² 1207).

Paul Marmottan.

Naples et ce même jour ayant été fixé pour leur audience, le gonfalonier François Belluomini et les députés de la République lucquoise, auxquels s'étaient joints Derville-Maléchart, envoyé français à Lucques et Belluomini fils, ambassadeur lucquois à Paris, se rendirent en grand gala au palais Caprara.

Suivant à quelques nuances près le cérémonial employé vis-à-vis le doge de Gênes, à Milan, des voitures de la cour, dans lesquelles ils prirent place, allèrent les prendre à domicile.

Dans la salle du trône, il y avait autour de Napoléon, le grand écuyer Caulaincourt, le général polonais Zayonczeck, les ministres Talleyrand, Marescalchi, Maret, Aldini, le comte Caprara, etc.

Tous les actes étant prêts d'avance, l'Empereur et Roi écouta une harangue de F. Belluomini et y répondit. Ensuite fut lue la nouvelle constitution qui érigeait l'ancienne petite république en principauté au profit de la sœur de l'Empereur, Élisa, et de son mari Félix Baciocchi, général et sénateur français.

Napoléon signa enfin le décret nommant les premiers dignitaires de l'État lucquois et la députation prit congé pour se rendre à Gênes où l'Empereur se dirigeait et où elle devait saluer ses nouveaux souverains au nom de leurs sujets.

L'Empereur quitta Bologne ce même jour vers cinq heures, après avoir avant son départ, comme nous l'avons dit, accordé deux millions à l'Université de Bologne, cette Athènes de l'Italie, la traitant ainsi à l'égal de celle de Pavie. Il arriva à sept heures un quart du soir à Modène[1], où il n'avait fait que passer le 21 juin[2] dans son trajet de Mantoue à Bologne et aux habitants de laquelle il avait promis de s'arrêter au retour de Bologne. Puis par Reggio[3] et Plaisance, villes auxquelles il consacre quelques heures, il gagne Gênes où il fait aussi un séjour mémorable.

1. Le recueil manuscrit et contemporain de Rovatti, conservé aux Archives de Modène, ville où il exerçait les fonctions de secrétaire de la Mairie, contient l'aquarelle du carrosse de gala à trois glaces et d'une forme Directoire, réquisitionné par la municipalité, de la famille locale des Jacoli, carrosse qui servit aux souverains. Il avait déjà été prêté l'année précédente au pape Pie VII de passage. Les cochers étaient habillés de rouge et en culotte courte.

2. Rovatti donne aussi le détail de ce premier passage et le relevé des harangues, inscriptions, corps de troupes, etc. Voir aussi dans son recueil le dessin de l'arc de triomphe. *Ibidem.*

3. Voir aux Pièces, sous le n° III, deux documents inédits pour les préparatifs commandés en cette ville par les autorités.

Napoléon à Bologne (juin 1805).

APPENDICE

I

Passage de plusieurs autorités à Modène, se rendant à Bologne, consigné par un témoin, le sieur Rovatti, secrétaire de la mairie de Modène[1].

13 juin 1805.

La nuit — passent MM. Marescalchi et Aldini, bolonais, le premier, ministre des Relations extérieures du royaume d'Italie près l'Empire français ; le deuxième président de la censure des collèges électoraux.

Vendredi, 14 juin.

Passe S. E. M. Talleyrand, ministre des Relations extérieures de l'Empire français, grand dignitaire de la Légion d'honneur, homme d'un rare talent, par lequel il s'est acquis l'estime des diverses principales cours d'Europe qui l'ont décoré de leurs ordres.

Arrivent trois carrosses, dirigés sur Bologne, de S. M. I. et R. Napoléon Ier, tirés par de superbes chevaux au nombre de 20, outre 7 chevaux de selle.

Samedi, 15 juin (page 243).

Matin. — Venant en dernier lieu de Reggio et dirigés sur Bologne, arrivent trois très beaux détachements de gardes impériaux français, un de chasseurs à cheval, le 2e de dragons, le 3e de gendarmes d'élite, à cheval ; aux gardes sont réservées les maisons des habitants les plus aisés ; aux chevaux on assigne les écuries royales.

Passe le ministre de l'Empire français près la cour royale de Naples.

Le soir. — Passe le marquis de Gallo, ministre de S. M. Sicilienne, ayant assisté au couronnement, à Milan, de S. M. I. et R. Napoléon Ier.

Passe M. Caprara — bolonais — grand écuyer de S. M. I. et R.[1].

II
Note sur le palais Caprara de Bologne.

Les Caprara, d'une famille illustre ayant donné des guerriers et des hommes d'État à l'Empire et à l'Église aux XVIIe et XVIIIe siècles, possé-

---

[1]. Archives communales de Modène. Extrait du recueil manuscrit déjà cité du contemporain Rovatti, p. 242 et 243. Vol. de 1805. *Inédit.*

daient à Bologne un immense palais encore existant aujourd'hui et qui en 1806 appartenait à S. E. le comte de ce nom, grand officier de la Légion d'honneur et grand écuyer de Napoléon, premier roi d'Italie.

Pendant son séjour à Bologne, en 1805, Napoléon, qui y était descendu, avait fort admiré la grandeur de l'édifice qui se prêtait admirablement par sa situation au centre de la ville, et surtout par ses appartements nombreux, au logement d'un souverain.

Il le fit acheter par sa Liste civile et le 3 novembre 1806, la vente en fut consentie par le grand écuyer Charles Caprara à l'intendant des biens de la Couronne, Costabili[1].

Tous les meubles et tableaux existant à l'intérieur du palais à ladite époque, entraient également dans le prix d'achat, mais l'acte fut passé pour eux seulement le 13 décembre suivant, ainsi que pour l'immeuble d'ailleurs, chez le notaire Pierre Lonati à Milan (qui demeurait en 1811 en cette ville Contrada dell' Egualianza, n° 3992). L'importance du prix ne nous est pas connue; cependant d'après deux lettres inédites que nous publions plus loin dans cette même pièce, ce prix semble ressortir à deux millions, pour la maison et les terres de Galliera.

Tout le premier étage de la façade a conservé ses meubles empire fabriqués en Italie. Le bois doré y remplace trop souvent le bronze d'art de Paris. Les autres appartements sont dans le style Louis XIV et rococo, de facture italienne. On y voit de belles tapisseries provenant des anciens Caprara.

Le 20 décembre 1807, sur l'initiative de Napoléon, les collèges électoraux du royaume réunis à Milan, nommaient la fille aînée du vice-roi Eugène, Joséphine, princesse de Bologne. Dans son apanage entrait avec les terres de Galliera, sises dans le département du Reno, le palais de Bologne[2] dont son père avait la jouissance.

L'Empereur ne se souciait donc plus pour lui de la belle demeure des Caprara et il est probable que le comte Aldini — son secrétaire intime pour l'Italie qui était en relations journalières avec lui — caressait le projet de céder à Napoléon à son nouveau passage à Bologne, dans le futur voyage qu'il devait faire à Rome, le grand palais à colonnades ioniques que lui-même alors construisait près de la ville sur la colline des Capucins, pour flatter le goût de son maître, que cette position unique avait, comme nous l'avons dit, enthousiasmé en 1805.

J'ajouterai même que le terme du Statut constitutionnel du 6 juin 1805,

---

1. Costabili (comte et sénateur du royaume d'Italie), décoré de l'aigle d'or de la Légion.

2. C'est ainsi qu'en 1811, à l'almanach royal, ce palais n'est pas mentionné parmi les biens de la Couronne.

visant le palais de Bologne qui sera situé, dit-il, *à proximité de Bologne*, autorise à penser qu'il y avait déjà entente convenue mais particulière entre Napoléon et Aldini à cet égard.

Le palais s'édifiait et l'Empereur ne jugeait pas tellement urgent d'avoir à conserver pour lui-même la maison Caprara en attendant l'autre, qu'il en disposait en faveur de sa nièce Joséphine [1], à qui en 1813, par un décret signé du quartier impérial de Dresde, le 14 mars, il donna en outre le titre de duchesse de Galliera, du nom d'une terre, toute voisine de Bologne, qui appartenait à son domaine privé depuis 1811. Voici à ce propos deux documents inédits relatifs au paiement et aux arrangements financiers passés entre Napoléon roi d'Italie et le comte Aldini qui lui cédait la terre de Galliera.

Sire,

Le revenu de deux millions de biens que doit la Couronne d'Italie au Domaine privé appartient à ce Domaine pour toute l'année rurale courante, d'après les dispositions de l'article 7 du décret du 27 juin. M. le ministre des Finances du Royaume d'Italie me fait l'honneur de m'écrire sous la date du 15 de ce mois, que la Caisse d'amortissement est prête à payer la somme de 100 000 francs qui représente le revenu de ces 2 millions pour 1811.

Cette réponse ne résout pas bien positivement une question que j'avais adressée à M. le comte Prina [2]. M. le comte Aldini m'ayant dit que l'année rurale commençait en Italie au 1er novembre, il en résulterait que la jouissance de l'intérêt des deux millions commencerait pour le domaine privé au 1er novembre 1810; cette explication ne paraît pas s'éloigner de l'opinion de M. le ministre des Finances, puisque par sa lettre du 15 novembre, il propose la remise immédiate des biens-fonds et le payement des 100 000 francs.

Je soumets en conséquence à Votre Majesté la proposition de m'autoriser à demander le versement des 100 000 francs dans la caisse de M. le trésorier général de la Couronne.

Les revenus de novembre et de décembre 1811 seront abandonnés à M. le comte Aldini, parce que la jouissance de la terre de Galliera, reçue en échange, commencera à la même époque pour le Domaine privé.

Je suis avec un profond respect, Sire,
De Votre Majesté Impériale et Royale,
Le très humble, très obéissant serviteur et fidèle sujet.
Le comte DARU [3].

Saint-Cloud, le 23 novembre 1811.

Sire,

Votre Majesté, par le décret du 27 juin, a réglé la dette du Domaine envers sa Couronne d'Italie à 2 millions de francs dont le payement doit être effectué

---

1. Née à Milan le 14 mars 1807.
2. Ministre des Finances du royaume d'Italie.
3. Archives nationales O², 1207. — Le comte Daru, intendant général de la Maison impériale.

Paul Marmottan.

en domaines qui seront cédés au Domaine privé. Le revenu de ces biens doit appartenir au domaine privé, depuis le commencement de l'année rurale courante.

M. le ministre des Finances du Royaume d'Italie m'écrit, sous la date du 15 de ce mois, que ces 2 millions de biens sont expertisés, qu'ils ont été désignés d'accord avec un agent nommé par M. le comte Aldini[1], de sorte qu'il n'y ait point de difficultés pour le choix et l'évaluation de ces biens lorsque M. le comte Aldini les recevra en paiement de sa terre de Galliera.

Si l'acquisition de cette terre peut s'effectuer sans retard, il pense qu'il n'y aura pas lieu à ce que le Domaine privé fasse prendre possession de ces biens, puisque la transmission devra en être faite sur-le-champ à M. le comte Aldini.

Je suis avec un profond respect,
Sire,
De Votre Majesté Impériale et Royale
Le très humble et très obéissant serviteur et fidèle sujet.
Le comte Daru[2].

Saint-Cloud le 23 novembre 1811.

Quand les formalités de l'achat par le Trésor privé furent terminées et que l'acte de donation en faveur de la princesse, née d'Eugène de France et d'Amélie de Bavière, eut été signé, son père le Vice-Roi en fit prendre officiellement possession par l'intendant de son apanage, M. Antoine Ré, conseiller d'État, et ceci à la fin de juillet 1813.

Quoi qu'il en soit, le palais Caprara reçut donc dès 1808 le nom de « Beauharnais » qui lui a été conservé jusqu'à nos jours. Il abrita souvent sous l'Empire d'illustres membres de la famille régnante, Murat, sa femme Caroline, Elisa, Joseph-Napoléon, etc.[3].

La fille du prince Vice-Roi devenue ainsi duchesse de Galliera, ayant épousé le 22 mai 1823, le prince Oscar de Suède, fils du roi de Suède Charles-Jean (Bernadotte) et de Désirée Clary, vendit vers 1830 son palais de Bologne à la famille Ferrari de Gênes, qui prit à son tour le titre de Galliera et en ces dernières années, la duchesse de Galliera légua son palais de Bologne au duc de Montpensier.

Il appartient aujourd'hui à Don Antoine de Bourbon, fils du duc, qui a fait transporter dans l'aile droite surtout beaucoup de bronzes de la Restauration provenant du château de Randan (Puy-de-Dôme), ancienne demeure d'été de la sœur du roi Louis-Philippe.

Parmi les souvenirs du premier Empire qu'on voit encore à l'intérieur du palais de Bologne, nous signalerons un salon de cette aile droite en

1. Ministre secrétaire d'État d'Italie résidant à Paris près de l'Empereur.
2. Archives Nationales, O²1207.
3. Ces divers passages non encore publiés seraient à citer avec détails.

Napoléon à Bologne (juin 1805).

pur style du temps, et la chambre de Napoléon où il y a quelques beaux bronzes parisiens de Ledure et de Denière (un Cincinnatus, un Napoléon en empereur romain avec soubassement en marbre de Sienne, etc.).

(Note écrite en 1894.)

III

Mesures officielles prises à Reggio (Crostolo) pour le passage de l'Empereur et roi en 1805.

A

Vincenzo Gabrieli Delegato di S. A. I. seg° Ministro dell' Interno in tutto il Regno d'Italia per gli oggetti della comodità delle Strade della convenienza degli Alloggi, e delle dimostrazioni d'omaggio, e di gioia da farsi a S. M. I. R., nel caso le piacesse di percorrere il suo Regno, ha l'onore di far presenti al sig^r Fadigati regio Prefetto del Crostolo le cose seguenti.

1° Che le Strade da St Illario fino a Rubiera verranno migliorate.

2° Che il Palazzo del Sig^r Ignazio Trivelli è bastevolmente grande e decente per alloggiare S. M. I. R. dove e stato altre volte unica abitazione in Reggio, che le convenga; che le case vicine decente potranno servire d'alloggio al seguito nobile di S. M. I. R. Che per ora si potranno predisporre al numero di trenta cinque letti da Padroni, e sessanta cinque da servigio, che ogni articolo di suppellettile, che potesse mancare negli alloggi, converrà ricorrere a particolari, uffiziandoli a prestarsi onde evitare le spese, che al caso si potrà far caso degli apparati delle Chiese.

3° Che il sig^r Prefetto si conformerà essattamente al decreto imperiale 24 Messidoro anno XII che ne istruirà tutte le comune del Dip° perchè lo sappiano e lo eseguiscano. Che la municipalità decreterà un monumento dignitoso da erigersi per eternare la memoria di Napoleone I. Che il Decreto verrà presentato a S. M. I. R. dal Prefetto e dal Presidente, allora, quando si recheranno a Milano; che tutte le autorità delle comune d'ogni Classe elettorale quelle, che sono sul passaggio, e tenute a stare al loro posto potrebbero essere invitate alla centrale a fare omaggio a S. M. I. R. e si potrebbero schierare in bell' ordine fuori' della Porta di città a drapelli consegnati per l'una dall' altra recuga distinta; che vi sarà una guardia d'onore composta di gioventù possidente non solo della città ma del dipartimento. Che vi anderanno all' incontro tutti gli aventi carozze. Che infine al seguito del Prefetto che deve recarsi al confine vi sia una carrozza vuota per supplire a quelle dei viaggiatori.

Paul Marmottan.

Se potesse sempre, che vi siano aperte le finestre anche nelle terre di passaggio.

Che tutto sia predisposto in dovuta maniera da eseguirsi al primo avviso.

N. B. — Oltre queste cose in varii diverti si fanno spettacoli illuminazioni, balli, fuochi d'artefici, cantate analoghe, etc.

VINCENZO GABRIELI, delegato.

Reggio, 5 Maggio 1805.

Archives de Reggio (Haute-Italie)
(même rubrique de source que pour la pièce suivante).

B

VOYAGE DE NAPOLÉON EN 1805.

La municipalité de Montecchio, représentée nommément par les sieurs Loverzani et F. Campari mande le 1er juin au préfet du Crostolo, en réponse à sa notification du 30 mai dernier (n° 4871) qu'au premier avis venant de lui, elle se transportera au chef-lieu avec son appariteur qui portera la bannière prescrite, afin d'apporter ses hommages au Roi.

Elle s'excuse si à l'arrivée du souverain elle sera peut-être la seule qui ne soit pas accompagnée d'un détachement de garde nationale. Cela tient à ce que son organisation s'est faite si tardivement que l'uniforme n'a pas été prévu. « Si pourtant il vous plaisait de permettre à notre garde de se servir de l'habit bleu ciel (turchino), cela formerait un corps modeste mais distinct. » Les délégués attendent une réponse sur ce point.

(Archives di Reggio titolo 23. Potenze, filza III.)

C

DÉPARTEMENT DU CROSTOLO.
(Traduit de la pièce originale en italien manuscrite.)

La municipalité au Préfet.

Reggio, 21 mai 1805.

Nous nous sommes déjà assurés de logements convenables pour la suite de S. M. le Roi comme on peut le vérifier par le tableau ci-joint[1], et votre prévoyance a bien voulu déjà retenir que la maison Trivelli doit servir pour sa Majesté.

En ce qui concerne la réception de notre Roi nous avons organisé la garde d'honneur composée d'environ 60 hommes; donné l'ordre de transformer en arcs de triomphe les deux principales portes de cette

1. Il était annexé à la lettre avec les désignations.

ville, par lesquelles il doit passer, en les ornant de trophées, d'inscriptions, etc. Nous avons décidé l'érection en face de son habitation, d'un hémicycle décoratif dans le style grec avec un obélisque placé au centre; et nous avons prescrit que tous les citoyens ayant voitures et chevaux, s'apprêtent de se joindre aux Autorités pour aller au-devant de Sa Majesté et l'escorter, au premier avis conforme qui leur sera transmis.

Avant tout nous prendrons les mesures pour que rien ne soit négligé, quant aux ornements et à l'illumination de la ville entière, dans le cas ou par hasard on s'arrêterait ici.

On a déjà donné l'ordre au théâtre que la loge du gouvernement reçoive une draperie de velours rouge, des sièges modernes et tout ce qui peut manquer.

Nous n'omettrons pas de prendre les dernières dispositions afin de rendre plus brillante la réception d'un si grand monarque. Nous sommes certains que vous participerez aussi avec nous pour tout ce qui dépend de l'Autorité au but auquel tendent maintenant tous nos soins.

Nous avons l'honneur de vous saluer avec la plus grande estime.

G. B. Medici, président.
Campani, secrétaire.

(Arch. de Reggio. Titolo 23, Potenze, filza III.)

D

La municipalité à M. le préfet du département du Crostolo.

Reggio, 25 juin 1805.

Après diverses réflexions relatives à la garde d'honneur à cheval qui doit se porter au-devant de Sa Majesté I. et R., nous avons décidé que toute la cavalerie de la garde se portera aux limites du département.

Nous vous en prévenons, Monsieur le Préfet, comme c'est notre devoir et aussi pour que vous donniez à la commune de Bagno les instructions de circonstance pour réserver au-dit corps le logement convenable, du fourrage et le reste éventuellement.

Le logement pourrait se trouver dans la cure (canonica) de Bagno.

Nous sommes persuadés que vous seconderez nos instances sur ces points particuliers et nous sommes en outre certains en complimentant Sa Majesté, d'avoir votre agrément.

Nous vous assurons en même temps d'avoir écrit à ce propos au commandant d'armes et au colonel de la garde en ce qui les regarde respectivement.

A. Vezzani, président.
Campori, secrétaire.

Paul Marmottan.

E

CIRCULAIRE. — ROYAUME D'ITALIE.

L'original en italien *(traduction).*

Le Ministre de la Guerre à Monsieur le Préfet du département du Crostolo, Reggio.

Milan, le 13 juillet 1805.

L'objet pour lequel ont été institués dans les départements les Gardes d'honneur ayant cessé[1], leur dissolution, d'ordre de S. A. I.[2], M. le Préfet, est rendue nécessaire.

Dans l'exécution de cette mesure vous n'oublierez pas de manifester aux braves jeunes gens qui ont composé cette garde la satisfaction du Gouvernement, pour le service louable et zélé qu'ils ont prêté dans la très heureuse circonstance du séjour parmi nous de notre auguste Souverain. Vous les ferez avertir en même temps que la raison de leur service n'existant plus, a pour conséquence de leur enjoindre de quitter et de ne plus porter l'uniforme militaire de ce corps dissous.

Mais S. A. I. désirant leur donner une preuve évidente de sa satisfaction, concède à chacun des hommes qui en font partie, même s'ils ne sont pas reconnus fils ou parents d'Electeurs ou de Notables, l'admission dans la garde d'honneur *Royale* instituée par décret du 20 juin, pourvu qu'ils se conforment à toutes les prescriptions dudit décret.

Vous donnerez à cette gracieuse disposition de S. A. I. la publicité convenable afin qu'elle soit connue par quiconque se trouve dans le cas d'en profiter, et pour qu'elle serve de stimulant à la jeunesse d'un département qui voudrait se distinguer, comme l'ont fait leurs braves concitoyens qui ont prévenu et secondé l'appel de leurs autorités pour l'honorifique service cité plus haut.

J'ai le plaisir, M. le Préfet, de vous saluer avec une estime distinguée.

Le Ministre de la Guerre
PINO.

(Lettre inédite.)
(Archives de la ville de Reggio, Titre XXIII, Potenze, filza III.)

1. Le voyage de Sa Majesté l'Empereur et Roi.
2. Le Vice-Roi.

LES PROCHAINS NUMÉROS CONTIENDRONT :

Marcel Blanchard. — Une enquête administrative dans l'Isère en 1859.
C. de Bourcet. — Le colonel Grouard et la stratégie napoléonienne.
Georges Bourgin. — Bonaparte et la République Italienne (d'après l'ouvrage de M. Albert Pingaud).
Edouard Chapuisat. — La nationalité helvétique depuis l'Acte de Médiation.
Henri Chouet. — La Belgique depuis cent ans.
Edouard Driault. — Les historiens de Napoléon : M. Albert Sorel.
Marcel Dunan. — La Bavière sous Napoléon.
Joseph Durieux. — Les vingt-cinq cavaliers d'Arcole.
Paul Gaffarel. — Deux années de royauté en Espagne, 1810-1811.
— Le Séjour à Marseille de Charles IV d'Espagne.
Colonel A. Grouard. — Les batailles autour de Metz (août 1870).
Charles D. Hazen. — Le Congrès de Vienne, 1814-1815.
Lieutenant Jolyet. — Mémoires : campagnes de Catalogne et Valence ; — de Bautzen à Hanau.
N. Jorga. — Napoléon III et l'union moldo-valaque.
Rudolf Jung. — La dernière nuit de Napoléon sur le sol allemand.
Joachim Kühn. — Bismarck et la Restauration impériale en 1870-1871.
— Les Bonapartes à la veille du coup d'état de Strasbourg : notes de voyage du baron Frédéric-Charles de Strombeck (1835).
P. Lefuel. — L'armoire à bijoux de l'Impératrice au palais de Fontainebleau.
— Le mobilier du citoyen général Bonaparte après vendémiaire.
Général H. Le Gros. — Paris et les invasions de 1814, 1815, 1870, 1914.
— A propos des méthodes de commandement de Napoléon.
Georges Lote. — Zola historien du second Empire.
Paul Marmottan. — L'hospitalité napoléonienne envers les rois feudataires.
Colonel Emile Mayer. — Les historiens de Napoléon : le Général Jean Colin.
— Napoléon et la guerre actuelle.
J. Mayor. — Les appartements impériaux sous Napoléon III : Compiègne, Fontainebleau.
J. Monteilhet. — L'avènement de la nation armée, 1872.
Charles Schmidt. — La crise ouvrière de 1811.
— L'incorporation des Chouans dans la Grande-Armée.
William R. Thayer. — Le Congrès de Paris, 1856.
Gabriel Vauthier. — L'épuration de la magistrature en 1808.
Charles K. Webster. — Lord Castlereagh et le système des Congrès, 1814-1822.

REVUE
DES ÉTUDES NAPOLÉONIENNES
LES ORIGINES DE L'EUROPE NOUVELLE

paraissant tous les deux mois par fascicules de 140 à 160 pages in-8, formant par an deux beaux volumes de 400 pages.

BONNEMENTS ET ADMINISTRATION : Librairie Félix Alcan, Paris.
BUREAU DE LA RÉDACTION : 108, Boulevard Saint-Germain, Librairie Félix Alcan, le jeudi, de 2 à 4 heures.

CONDITIONS D'ABONNEMENT

Un an, France : 20 fr.   Étranger : 22 fr.   Le Numéro : 4 fr.

Il sera rendu compte de tous les ouvrages et publications périodiques dont il sera envoyé un exemplaire au Bureau de la Revue.

N. B. — La Direction de la REVUE DES ÉTUDES NAPOLÉONIENNES laisse aux auteurs la responsabilité des articles qu'elle publie. Elle n'est pas responsable des articles non insérés.

La reproduction et la traduction des travaux de la REVUE DES ÉTUDES NAPOLÉONIENNES sont interdites.

LIBRAIRIE FÉLIX ALCAN

PUBLICATIONS SUR LA GUERRE

Viennent de paraître :

BIBLIOTHÈQUE FRANCE-AMÉRIQUE

L'ALLEMAGNE ET L'AMÉRIQUE LATINE
SOUVENIRS D'UN VOYAGEUR NATURALISTE

Par Émile R. WAGNER
Correspondant du Muséum de Paris.

Préface de M. Edmond Perrier
Membre de l'Institut, directeur du Muséum d'Histoire naturelle.

1 vol. in-8 . . . . 3 fr. 85

LA RÉPUBLIQUE DE COSTA-RICA
SON AVENIR ÉCONOMIQUE ET LE CANAL DE PANAMA

Par le comte Maurice de PÉRIGNY
Chargé de missions dans l'Amérique centrale.

Préface de E. Martinenche
Secrétaire général du groupement des Universités et grandes Écoles de France pour les relations avec l'Amérique latine.

1 vol. in-8 avec 12 pl. hors texte, contenant 18 grav. et 1 carte hors texte. . . . . 5 fr. 50

TILSIT
FRANCE ET RUSSIE SOUS LE PREMIER EMPIRE
LA QUESTION DE POLOGNE
(1806-1809)

Par Édouard DRIAULT

1 vol. in-8, de la *Bibliothèque d'Histoire contemporaine* . . . . 11 fr.

Coulommiers. — Imp. PAUL BRODARD.

www.ingramcontent.com/pod-product-compliance
Lightning Source LLC
Chambersburg PA
CBHW060617050426
42451CB00012B/2297